AF263743

DÉTAILS

RELATIFS A LA NAISSANCE

DE SON ALTESSE ROYALE

Mgr LE DUC DE BORDEAUX;

BONS MOTS

ET TRAITS D'ENTHOUSIASME

TANT DE LA CAPITALE QUE DES DÉPARTEMENS ;

PIÈCES DE VERS LES PLUS REMARQUABLES,

Composées à l'occasion de la naissance de DIEUDONNÉ,

Le tout précédé des portraits de S. A. R. la DUCHESSE DE BERRY, *de* S. A. R. Mgr le DUC DE BORDEAUX *et de* MADEMOISELLE.

A PARIS,

LIBRAIRIE MONARCHIQUE DE N. PICHARD,

QUAI DE CONTI, N° 5, PRÈS LE PONT-NEUF.

MDCCCXXI.

Dᴇ tous les points de la France s'élevoient des prières et des vœux ; des neuvaines, des actes de charité, des aumônes extraordinaires se renouveloient sans cesse; rien enfin n'étoit négligé par les royalistes, aussi bons chrétiens que Français, pour obtenir de Dieu cet Henri qui devoit nous sauver tous. Mme la duchesse de Berry, devenue la femme forte de l'Evangile, se surpassoit chaque jour en courage et en piété, et, en se montrant digne veuve d'un héros, préludoit à l'honneur de devenir la mère d'un saint Louis ou d'un Henri IV. Il faut le dire, Dieu qui lui devoit des consolations pour tant de malheurs et de vertus, Dieu lui avoit envoyé un de ces songes qui contiennent les destinées des royaumes : ici c'est l'héroïne que nous laissons parler : « Cette nuit » disoit-elle, au mois de mai dernier, cette nuit j'étois » à l'Elysée; je tenois par la main mes deux enfans, ma » fille et un jeune prince : j'ai vu alors très-distincte-» ment saint Louis : il vouloit couvrir de son manteau » royal, Mᴀᴅᴇᴍᴏɪsᴇʟʟᴇ; je lui ai aussi présenté mon fils, » et le saint Roi nous a enveloppés tous les trois dans » son manteau, nous a bénis, et a couronné mes » enfans. »

Ce songe sans cesse présent à l'esprit de Mme la duchesse de Berry, lui faisoit attendre avec la patience de la certitude *le grand événement*, lorsque dans la nuit du

29 septembre, *à deux heures du matin*, Mme de Valthaire, première femme de chambre de S. A. R., et Mme Bourgeois, femme de chambre ordinaire, furent éveillées par ces mots : « Allons, vite, vite, il n'y a pas un » instant à perdre. » Aussitôt Mme Valthaire court avertir M. l'accoucheur Deneux, Mme la duchesse de Reggio et Mme la vicomtesse de Gontaut. Pendant ce temps, Mme Bourgeois reçoit l'enfant, et la Princesse s'écrie : « Quel bonheur! c'est un garçon, c'est Dieu qui » nous l'envoie! » *A deux heures un quart,* M. Deneux entra dans l'appartement de la Duchesse, qui lui dit : « Nous avons un prince : je suis accouchée sans douleur; » je suis bien, ne vous occupez pas de moi; mais soi- » gnez mon enfant. N'y a-t-il pas de danger à le laisser » dans cet état ? — Non, Princesse, répondit l'accou- » cheur : l'enfant crie très-fort; il respire librement; » en un mot, il est si bien, qu'il peut y rester jusqu'à » la délivrance, lors même, qu'elle n'auroit lieu que » dans une heure. » *A deux heures vingt minutes,* la Princesse demande qu'on fasse venir des témoins. Un garde de Monsieur est introduit : « Vous ne pouvez pas, » dit S. A. R.; vous êtes de la maison : qu'on aille cher- » cher des gardes nationaux. » Les gardes nationaux intro- duits à *deux heures et demie,* sont MM. Lainé, Paigné, Dauphinot, Triozon-Sadony de la 9e légion ; S. A. R. leur dit : « Messieurs, vous êtes témoins que c'est un » prince; il n'est pas encore détaché. » *A deux heures trois quarts,* le maréchal duc d'Albuféra arrive : « Venez, » maréchal, lui dit la Princesse; nous vous attendons » pour enlever mon fils de là : voyez, il tient à moi; » il n'en est pas encore séparé, et ne le sera que lorsque » vous l'aurez bien vu. M. Deneux, faites voir au maré- » chal que vous n'avez pas encore coupé le cordon. » Mgr le duc de Coigny, M. le comte de Nantouillet, Mgr l'évêque d'Amiens entrent. *A trois heures,* Mon-

sieur, Madame et Mᵍʳ le duc d'Angoulême arrivent à la fois. Un quart d'heure après, le Roi part pour les rejoindre, mais Mᵐᵉ la Duchesse repose ; alors Monsieur va dans le salon attenant, pour recevoir Sa Majesté : là, les deux augustes frères s'embrassent ; et, après quelques minutes d'un silence délicieux, Monsieur, pleurant de joie, s'écrie : « Vive le Roi ! — Quel beau » jour ! reprend le Roi, en l'embrassant de nouveau, » et il entre chez la Princesse, *à trois heures vingt minutes ;* se précipitant dans ses bras : « Dieu soit béni, » vous avez un fils ! » et il remet à la sublime mère un bouquet de diamans, en lui disant : « Ceci est pour vous, » ceci est pour moi, » et aussitôt il serre dans ses bras le duc de Bordeaux, qu'il embrasse. La Duchesse lui répond : « Sire, ce n'est qu'un échange ; » puis elle demande une boîte remplie d'ail, qu'on avoit fait venir exprès de Pau ; le Roi alors en frotte les lèvres de *Dieudonné,* et lui fait boire un peu de vin de Jurançon : une vielle jouoit dans la rue, l'air si doux aux Français, et la Princesse chante : *Vive Henri-quatre,* en tenant son fils dans ses bras. *A trois heures et demie,* le duc de Bordeaux est ondoyé par Mᵍʳ l'évêque d'Amiens, et une heure après, le Roi retourne dans ses appartemens. *A cinq heures,* vingt-quatre coups de canon tirés des Invalides annoncent la naissance miraculeuse. L'intervalle entre le douzième et le treizième fut long ; c'est la dernière joie qui ait été laissée aux ennemis de l'ordre : le treizième coup enfin se fit entendre, et le monde fut instruit que la ligne masculine de Louis XIV n'étoit pas perdue pour lui.

A cinq heures et demie, une quantité innombrable de maisons sont illuminées comme par enchantement ; il en est de même de l'hôtel des gardes du corps, et des casernes de la garde royale. Déjà de toutes parts les

(4)

bons royalistes s'empressent de voler aux Tuileries, où
des hommes de tous les âges, de toutes les conditions,
sont mêlés et confondus avec une foule de femmes aussi
jeunes que nobles et belles, et qui, pour la première fois
peut-être, sortent avant le jour. *A six heures,* plus de
cinq cents officiers, sous-officiers et soldats de la garde
royale défilent devant le nouveau-né. *A sept heures,*
M. de Rochemore, maître des cérémonies, annonce à
l'Hôtel-de-Ville la naissance du Prince. *A huit heures,*
un grand nombre de royalistes se rend à la tontine per-
pétuelle d'amortissement, pour prendre des actions sur
la tête du duc de Bordeaux. *A neuf heures,* les églises
sont remplies de fidèles. *A neuf heures et demie,*
LL. AA. SS. Mgr le duc, Mme la duchesse et Mlle
d'Orléans, Mgr le duc et Mme la duchesse de Bourbon
vont chez le Roi et Mme la duchesse de Berry, pour leur
offrir leurs félicitations. *A dix heures,* les maréchaux et
les grands-officiers sont admis à féliciter Sa Majesté. *A
midi,* la Famille royale assiste au *Te Deum,* chanté dans
la chapelle. En sortant de la messe Sa Majesté répond
aux cris long-temps prolongés de vive le Roi, vivent les
Bourbons, vive le duc de Bordeaux !..... « Mes amis,
» votre joie centuple la mienne ; il nous est né un
» enfant à tous... un jour il sera votre père... c'est alors
» qu'il vous aimera comme je vous aime, comme toute
» ma famille vous aime. » La foule n'avoit cessé d'affluer
depuis le matin sous les appartemens de S. A. R. qui
fait alors rouler son lit près de la fenêtre : les cris d'allégresse redoublent. A cet instant, on présente à la Princesse une potion calmante, elle répond alors : « Merci,
» ce bruit-là est le meilleur calmant. » Les maisons
célèbres de Beauvilliers, Véry, Grignon (1), sont remplies

____

(1) Restaurateurs de Paris.

(5)

d'une foule de royalistes, qui, le verre rempli de vin
de Bordeaux, chantent des couplets improvisés en
l'honneur du nouveau-né. Le vin de Bordeaux est le
seul en faveur, et deux cent mille bouteilles en sont
bues avant l'heure où le Théâtre Français donne une ma-
gnifique représentation d'Athalie. L'Odéon, Feydeau,
le Vaudeville, la Gaîté, et tous les théâtres enfin,
redoublent l'allégresse publique par des à-propos remplis
de sentimens français : enfin, une illumination brillante
termine cette mémorable journée, où la Famille de nos
Princes a joui d'une nouvelle restauration.

TRAITS D'ENTHOUSIASME, etc.

— Un soldat âgé d'environ soixante ans, couvert de
blessures, se trouva au nombre des premières personnes
admises à voir le nouveau-né : « Ah ! mon Prince, s'écria-
t-il les larmes aux yeux, pourquoi suis-je si âgé ? je ne
pourrai pas servir sous vos ordres ! — Rassure-toi, mon
brave ! lui dit Madame, il commencera de bonne
heure ! »

— Un grenadier du 3ᵉ régiment dit au comte B......
« Mon général ! il est bien l'enfant de l'armée, celui-là ;
il est né au milieu des sabres, des bonnets de grena-
diers, et c'est mon capitaine qui a été sa première ber-
ceuse. »

— Un officier de la garde nationale s'étant approché
d'un groupe de gardes nationaux au moment où la pluie
tomboit le plus fort, adressa quelques mots sur ce contre-
temps à un sous-officier qui se trouvoit près de lui.
« *Qu'est-ce que vous dites donc, mon officier ?* répliqua
celui-ci ; *il fait toujours beau quand nous voyons le
Roi.* »

—Deux gardes nationaux qui appartenoient à la même
légion au 4 mai 1814, et qui actuellement habitent deux

quartiers éloignés l'un de l'autre, se sont rencontrés à la revue : « *Il paroît*, a dit l'un d'eux en faisant allusion à la rentrée du Roi et à la naissance du duc de Bordeaux, *que nous nous retrouvons à toutes les fêtes de la restauration de la monarchie.*

— Parmi les personnages qui, dès le point du jour entrèrent pêle-mêle dans l'appartement de l'auguste enfant, se trouva le premier écrivain de notre siècle, l'homme qui a rendu les plus éminens services à la maison des Bourbons, M. le vicomte de Chateaubriand ; il accourt et s'écrie : « *Dieu nous l'a donc rendu !....* »

— M. le baron de Wolbock, officier de la garde nationale, courut le premier, au milieu de la nuit, pour aller annoncer aux dames de la halle de Paris la naissance de notre Dieudonné ; aussitôt ces dames s'empressèrent d'aller remercier Dieu.

Sur la place de la fontaine des Innocens, au bruit du premier coup de canon, toutes les ventes cessèrent, une immobilité générale saisit toutes les personnes présentes ; chalands et marchands se regardoient avec une impatience difficile à décrire ; pendant les sept ou huit secondes qui s'écoulèrent entre le douzième et le treizième coup, l'anxiété fut extrême ; chacun sembloit retenir sa respiration pour ne point perdre le signal du bonheur de la France ; lorsqu'il eut retenti, la joie et le plaisir ne connurent plus de bornes ; les embrassemens, les serremens de mains et les cris de *vive le Roi ! vive la duchesse de Berry !* empêchèrent d'en entendre davantage. Un grand nombre d'habitans des environs de Paris se hâtèrent de vendre *au rabais* les denrées qui leur restoient encore, afin d'être plus tôt de retour dans leurs communes pour y porter la nouvelle de la naissance d'un Bourbon. « *Nous reviendrons ce soir*, disoient ces braves gens, *voir les illuminations avec nos femmes et nos enfans.* » L'un de ces bons paysans s'écria au moment de l'ivresse générale : » *C'est un duc de Bordeaux! qui l'aime me suive!* » Et pour régaler dans un cabaret voisin tous ceux qui se présentoient, il dépensa, en moins d'une heure, le double de ce qu'il peut gagner en un mois. Un de ses parens ayant voulu concourir à cette libéralité il le refusa en disant : « *Laisse, fi donc, cousin! est-ce qu'un royaliste peut mieux placer son argent? Vive le Roi!* »

—Une marchande de fleurs de la rue aux Fers, distribua *gratis* aux passans une assez grande quantité de lis qu'elle avoit dans ses corbeilles.

—Plusieurs marchandes, réunies chez un débitant d'eau-de-vie, rue Saint-Denis, appelèrent un soldat de la garde royale, et le prièrent de trinquer avec elles; ce militaire, qui craignoit peut-être d'être aperçu par un de ses chefs, hésita un instant : « *Oh! vous pouvez bien boire avec nous,* dit l'une d'elles, *les dames de la halle de Paris pensent comme celles de Bordeaux.* »

—La femme Picard, bouquetière de la rue aux Fers, s'est empressée de porter un très-beau bouquet à la statue de Henri IV. Un officier du Haut-Rhin, commandant le poste du Pont-Neuf, a aidé la femme Picard à attacher le bouquet.

—Le jour de la naissance de Mgr le duc de Bordeaux, *un taciturne* entra dans la boutique d'un perruquier de sa connoissance pour se faire raser. Lorsque l'opération fut terminée, il mit une pièce de deux sous dans la main du barbier, et voulut se retirer. « C'est encore un sou, dit le frater en le retenant. — Pourquoi donc cette augmentation; je n'ai payé que dix centimes hier? — C'est vrai, Monsieur, mais aujourd'hui vous avez la figure beaucoup plus longue. » Le *taciturne* ne répondit rien, et paya.

(8)

—Une femme -d'esprit disoit : « Non seulement Mme la duchesse de Berry est accouchée du duc de Bordeaux, mais elle est accouchée d'un grand nombre de royalistes.

—Quelqu'un s'étonnoit des aveux indiscrets qui avoient échappé à quelques écrivains libéraux. On répondit : *Il faut bien que tout le monde accouche.*

—(1) Un bon ouvrier, excellent homme d'ailleurs, a le défaut de contredire et de gronder sans cesse sa femme ; mais ce n'est que pour la forme, car sur le fond ils sont le plus souvent d'accord, et en fait de royalisme il le sont toujours. L'heureux samedi, ils s'éveillent en sursaut au bruit du canon et au son de toutes les cloches. « Ah ! mon ami ! la France est sauvée, c'est un petit garçon ! — Taisez vous femme, vous êtes une sotte : je vous dis, moi, que c'est un homme. »

—La joie est souvent un peu bavarde. Un maître d'école, qui n'est pas de l'enseignement mutuel, faisoit briller sa petite érudition dans un groupe, où se trouvoit une femme qui n'en sait pas plus long sur l'histoire que nos petits libéraux, mais qui a ce qui leur manque, un cœur français : le magister ne se contentant pas de citer saint Louis, Henri IV et Louis XIV, débitoit une longue liste de chacun des Rois de France dont le duc de Bordeaux nous rendroit la vertu distinctive. « Eh ! voisin, interrompit notre femme, qu'est-ce que vous chantez-là ? il sera fils de père et de mère. »

—Des marchandes d'herbes entendoient la lecture d'un journal et poussoient des exclamations de ravissement à chaque trait de courage de l'admirable mère. » *Queux brave femme,* s'écria l'une d'elles, *et i' disoient*

____

(1) Les anecdotes suivantes sont tirées de *l'Observateur neustrien*, journal qui paroît à Caen.

(9)

qu'elle étoit si petiote ! — Ah ! c'est vrai, reprit une autre, je l'ai vue, all' n'étoit pas plus grosse que mon poing...... mais ça vous porte un cœur d'homme !..... *Vive la duchesse de Berry ! vive Madame !*

Un homme qui s'est sottement entiché du libéralisme, aborde le respectable vicaire d'une de nos paroisses, et lui fait la singulière prière de faire cesser la joyeuse sonnerie, prétendant que cela aggravoit la maladie d'une personne de sa maison. « Ah ! Monsieur, répond le pieux ecclésiastique, quel malheur est le vôtre ! je viens de voir vingt pauvres malades que ce bruit-là guérit. »

— « Dis donc, ma commère, disoit samedi une marchande de poissons en voyant passer des libéraux tout décontenancés ; je crois que j'allons faire bonne vente aujourd'hui, v'là que tous les fédérés ont tous une mine de carême ! — Oh ! que renni, ma commère, c'est comm' l'diable l'jour d'la résurrection, il enragit bien, mais i'n'fit pas maigre pour ça. »

— A Dives, les jeunes gens se sont postés sur la plateforme de la tour, et pendant toute la journée, ils tiroient de quart d'heure en quart d'heure vingt-quatre coups de fusil de suite, pour apprendre de plus loin l'heureuse nouvelle aux bons marins qui revenoient à terre.

— La colère est une mauvaise conseillère, dit-on ; moi je soutiens qu'elle est bonne à quelque chose, ne fût-ce qu'à arracher la vérité aux bouches consacrées au mensonge. Samedi, un épais libéral, *qui professe*..... que les royalistes sont un parti imperceptible et anti-national, s'écrioit dans sa grosse indignation : « *Il en pleut des royalistes ! il en pleut !* »

— Un jardinier du faubourg Saint-Gille, garde national du 2ᵉ bataillon, qui n'a pas perdu de vue que Mᵐᵉ la duchesse de Berry est *un* Bourbon (on ne peut pas dire *une*), disoit à ses ouvriers, en parlant du fils de notre Berry : « Tenez, mes enfans, vous verrez que ce sera un *excellent* prince et un *grand* prince, *c'est de la bonne espèce greffée sur* FRANC. »

— On parloit devant M. le comte de Bozon Périgord de l'heureuse idée qu'avoit eue l'auguste fille des Rois d'appeler des gardes nationaux pour être témoins de son accouchement. M. le comte, affligé malheureusement d'une extrême surdité, n'ayant saisi qu'une partie de ce fait remarquable, trouva que l'on avoit eu une bonne idée. « Ce n'est pas *on*, lui réplique un des assistans, c'est elle, c'est l'auguste princesse elle même qui a fait venir les gardes nationaux. » Alors, M. de Bozon s'écrie avec une exaltation difficile à dépeindre : « Quoi! c'est elle? c'est elle? C'est une femme inspirée! »

— On s'est plu beaucoup à répéter l'exclamation très-remarquable d'un grenadier du 3ᵉ régiment de la garde royale, nommé Archambaud, au premier moment où le public fut admis à voir le jeune duc de Bordeaux : « Que nous serions heureux s'il pouvoit nous passer en revue aujourd'hui! »

— Au moment où les pages de S. M. entendirent le coup de canon qui ne laissoit plus de doute sur la naissance du duc de Bordeaux, ils sautèrent précipitamment de leur lit, et aux cris de *vive le Roi!* se prosternèrent d'un mouvement spontané en entonnant le *Te Deum.*

— Ce fut M. Hue, valet de chambre du Roi, de service, qui porta le premier au Roi la nouvelle si impatiemment attendue. Le Roi, profondément ému, eut besoin de se faire répéter que l'enfant nouveau-né étoit un prince, et s'écria : « Grâces soient rendues à Dieu ! »

S. M. se leva aussitôt, et se rendit immédiatement chez la princesse.

— S. E. Mgr le grand-aumônier voyant l'auguste enfant entouré de la Famille royale : « J'espère, a-t-il dit, que cette fois personne n'accusera la Providence de n'avoir pas fait son devoir ; c'est maintenant à nous à faire le nôtre ! Heureux de pouvoir dire comme le grand-prêtre Siméon : *Nunc dimittis servum tuum, etc.* »

— M. le duc de Reggio, qui le jour de la naissance de Mgr le duc de Bordeaux réunissoit le titre de major-général de la garde nationale parisienne et de la garde royale, a eu l'honneur de marcher à la tête des officiers de l'un et l'autre corps qui ont défilé devant le Roi.

.S. M. et LL. AA. RR. ont adressé les choses les plus flatteuses à toutes les légions. Lorsque M. le vicomte de La Rochefoucault, colonel de la 5e légion, s'est approché du Roi, S. M., qui s'est rappelée que ce serviteur fidèle, quoique marié depuis quatorze ans, n'a point encore d'enfant, lui a dit avec beaucoup d'amabilité : « *M. le colonel, nous vous donnons un bel exemple.* »

— Les quatre gardes nationaux qu'un heureux hasard a rendus témoins de l'accouchement de S. A. R. Mme la duchesse de Berry, étoient en tête de la 9e légion, et ont été présentés au Roi. En sortant de chez S. M., MM. les gardes nationaux ont eu l'honneur de saluer LL. AA. RR. M ONSIEUR et Mgr le duc d'Angoulême. Ce prince, qui avoit pénétré jusqu'au milieu du groupe des gardes nationaux, leur a dit avec cette bonté qui caractérise les Bourbons : « Messieurs, vous avez pris part à notre joie, nous en sommes bien reconnoissans. »

M. Barry, lieutenant-colonel, commandant par intérim la 1re légion, ayant assuré S. A. R. M ONSIEUR qu'il étoit trop heureux d'être l'interprète du dévouement le plus absolu de toute sa légion, ce prince a daigné lui répondre, en lui pressant la main de la manière la plus affectueuse, que toute la Famille royale étoit touchée des démonstrations d'attachement de la garde nationale en cet heureux événement, et qu'elle ne sauroit trop répéter combien de pareils sentimens lui étoient chers.

Distributions faites aux pauvres à l'occasion de la naissance de Msr le duc de Bordeaux.

Le jour même de l'accouchement de Mme la duchesse de Berry, MONSIEUR a fait remettre 25,000 fr. à S. E. Msr l'archevêque de Paris, et pareille somme à M. le préfet de la Seine, pour être distribués aux pauvres, tant en son nom qu'en celui de son auguste fille. Que cette bonté de nos princes est touchante ! Leur première pensée est toujours pour les malheureux. Ils ont voulu que les plus indigens se ressentissent aussi de leur joie, et oubliassent un moment leur misère pour prendre part à l'allégresse publique.

— A l'occasion de la naissance de Msr le duc de Bordeaux, M. le maire de Metz a consacré sur les fonds de la ville une somme de 6000 fr. à retirer du Mont-de-Piété des effets appartenans aux indigens. M. le préfet y a ajouté une somme de 500 fr. Enfin, une souscription est ouverte pour augmenter les fonds destinés à cette bonne œuvre. Voilà la meilleure manière de fêter un Bourbon.

—M. le baron de Ballainvilliers, à l'occasion de la naissance de S. A. R. Msr le duc de Bordeaux, a doté une fille pauvre du village d'Antony, qu'il habite.

ODE

Sur la naissance de S. A. R. Henri-Charles-Ferdinand-Marie - Dieudonné D'ARTOIS , DUC DE BORDEAUX, *petit-fils de France* (2e édition); par VICTOR HUGO.

SAVEZ-VOUS, voyageur, pourquoi, dissipant l'ombre,
D'innombrables clartés brillent dans la nuit sombre;
Quelle immense vapeur rougit les cieux couverts,
Et pourquoi mille cris, frappant la nue ardente
  Dans la ville, au loin rayonnante,
Comme un concert confus, s'élèvent dans les airs ?

  O joie! ô triomphe! ô mystère!
  Il est né l'Enfant glorieux,
  L'Ange que promit à la terre
  Un Martyr partant pour les cieux!
  L'avenir voilé se révèle :
  Salut à la flamme nouvelle
  Qui ranime l'ancien flambeau!
  Honneur à ta première aurore,
  O jeune lis qui viens d'éclore!
  Tendre fleur qui sors d'un tombeau!

C'est Dieu qui l'a donné, le Dieu de la prière :
La cloche balancée aux tours du sanctuaire,
Comme aux jours du repos y rappelle nos pas.
C'est Dieu qui l'a donné, le Dieu de la Victoire !
  Chez les vieux martyrs de la gloire,
Les bronzes ont tonné, comme au jour des combats.
. . . .

Honneur au rejeton qui deviendra la tige!
Henri, nouveau Joas, sauvé par un prodige,
A l'ombre de l'autel croîtra vainqueur du sort;
Un jour de ses vertus notre France embellie,
  A ses sœurs, comme Cornélie,
Dira : Voilà mon fils, c'est mon plus beau trésor.

O toi! de ma pitié profonde
Reçois l'hommage solennel,
Humble objet des regards du monde,
Privé du regard paternel.
Puisses-tu, né dans la souffrance,
Et de ta mère et de la France
Consoler la longue douleur!
Que le bras divin t'environne,
Et puisse, ô Bourbon! la couronne
Pour toi ne pas être un malheur!

. . . .

Guerriers, peuple, chantez! Bordeaux, lève ta tête,
Cité qui la première, au jour de la conquête,
Maudis la trahison, et proclamas ta foi.
Et toi, que le Martyr aux combats eût guidée,
Sors de ta douleur, ô Vendée!
Un Roi naît pour la France, un soldat naît pour toi.

Rattachez la nef à la rive :
La Veuve reste parmi nous,
Et, de sa patrie adoptive,
Le ciel lui semble enfin plus doux,
L'espoir à la France l'enchaîne :
Aux champs où fut frappé le chêne,
Dieu fait croître un frêle roseau ;
L'amour retient l'humble colombe ;
Il faut prier sur une tombe,
Il faut veiller sur un berceau.

. . . .

Reste au sein des Français, ô fille de Sicile!
Ne fuis pas, pour des bords d'où le bonheur s'exile,
Une terre où le lis se relève immortel,
Où du Peuple et des Rois l'union salutaire
N'est point cet hymen adultère
Du trône et des partis, des camps et de l'autel.

Nous ne craignons plus les tempêtes,
Bravons l'horizon menaçant :
Les forfaits qui chargeoient nos têtes
Sont rachetés par l'innocent.
Quand les nochers, dans la tourmente,
Jadis voyoient l'onde écumante
Entr'ouvrir leur frêle vaisseau,
Sûrs de la clémence éternelle,
Pour sauver la nef criminelle,
Ils y suspendoient un berceau.

ODE,

Imitée des Prophéties d'Isaïe, par Mély Janin.

(Isaïe, fils d'Amos, fut choisi par le Seigneur pour être la lumière
d'Israël ; un Séraphin lui purifia les lèvres avec un charbon ardent.)

« Allez, dit le Seigneur, ma volonté soit faite,
C'est vous que je choisis, vous serez le prophète
   Des saintes vérités.
Qu'un de mes Séraphins de ses ailes vous touche ;
Et que la flamme ardente épure votre bouche
   De ses iniquités.

» Offrant à ses faux dieux un encens adultère,
Jérusalem long-temps de ma juste colère
   Epuisa les trésors.
L'antique Siloë vit négliger ses ondes ;
Il régna ce torrent dont les eaux vagabondes
   Ont ravagé ses bords.

» Alors, de ma cité détournant mon visage,
Je livrai ses remparts, ses palais, son rivage
   Aux guerriers d'Ascalon ;
Je la précipitai de son char de victoire :
Ainsi le cèdre tombe et roule avec sa gloire
   Dans le creux du vallon. »

. . . .

Isaïe, à ces mots interrompant sa plainte,
Adore le Seigneur, et d'une ivresse sainte
    Eprouve les transports ;
Rempli du feu sacré qui l'échauffe et l'anime,
Il chante, et du Carmel frémit la double cime
    A ses divins accords.

. . . .

« O Sion, lève-toi ! prends tes habits de fête ;
» Que le nard odorant s'enflamme et monte au faîte
    » Du temple d'Israël !
» Aujourd'hui le Seigneur à son peuple s'engage ;
» Aujourd'hui l'Enfant-Roi pour lui devient le gage
    » D'un bonheur éternel. »

Le fils d'Amos se tait, et sa voix prophétique
Va se mêler aux voix qui chantent le cantique
    A Dieu seul destiné.
Les douze Séraphins ont incliné leurs ailes,
Et partout retentit aux sphères éternelles :
    UN ENFANT NOUS EST NÉ !

VERS.

PROCLAME, airain bruyant, les transports de la France :
Un beau lis en tombant nous laissoit un bouton ;
Une nuit de douleur nous légua l'espérance,
Une nuit de bonheur nous présente un Bourbon.

               QURRY.

DE L'IMPRIMERIE DE LE NORMANT.

Livres nouveaux qui se trouvent à la même librairie.

Berryana, ou *Recueil des traits de bonté les plus remar-quables de S. A. R. feu* Msr le Duc de Berry, par A. J. C. Saint-Proper ; un vol. in-18 de 400 pages, avec portrait et *fac-simile.* Prix, 2 fr. 50 c., et 3 fr.

Eloge historique de S. A. R. feu Msr le Duc de Berry, par Alissan de Chazet ; in-8º. Prix, 2 fr. 50 c. et 3 fr.

L'Observateur au XIXe siècle, par A. J. C. Saint-Prosper. La seconde édition vient de paroître. Tous les journaux monarchiques se sont accordés pour donner de justes éloges à cet ouvrage, dont la réimpression étoit attendue avec impatience. Voici au reste dans quels termes il a été rendu compte de ce livre : « Des réflexions piquantes, un » style ingénieux et rapide lui assurent des lecteurs parmi » tous ceux qui aiment à s'intruire en s'amusant........ » L'ouvrage est fait avec esprit, et surtout dans *un très-* » *bon esprit.* » (Journal des Débats, 4 septembre.) « Dans » cet ouvrage, où tout nous a paru ingénieux, il suffit » d'ouvrir le livre et de transcrire au hasard. » (Quoti-dienne, 2 septembre.) « Nous osons affirmer que ce livre » est fait pour plaire à tous ceux qui aiment encore les » bons principes et la bonne littérature. » (Drapeau Blanc, 14 septembre.)

L'auteur de cet ouvrage est actuellement collaborateur de MM. de Bonald, de la Mennais, etc., à l'ouvrage appelé *le Défenseur.* Dans cette 2e édition se trouvent une foule de chapitres nouveaux.

Un vol. in-12; prix 2 fr. 50 c., et 3 fr., franc de port.

Souscriptions.

Deuxième série de la feuille à 5 cent., contenant le Testament de Louis XVI, etc. Elle sera fermée à 100,000.

Nouvelle souscription à 5 cent., contenant les détails relatifs à la naissance de Msr le Duc de Bordeaux. Traits de courage de son auguste mère, etc.

La souscription sera fermée à 60,000.

IMPRIMERIE DE LE NORMANT.